扬之水

与正仓院的七次约会

奈良博物馆观展散记

上海书画出版社

目次

开篇

上世纪九十年代中叶，初从遇安师问学，谈到唐代，正仓院藏品便是经常的话题，老师的著述里也多次引用。我曾托朋友从东瀛先后购得傅芸子《正仓院考古记》和初版《东瀛珠光》，历年的正仓院展图录也靠友人帮助陆续配齐，又有以丛书形式印行的各种分类汇编，如乐器、漆器、金工、纺织、纹样，等等。自家考校名物，正仓院藏品自然也援引不少，并且以此为证解决了若干问题，因此虽然不敢称言很熟悉，但至少可以说是不陌生。然而终究百闻不如一见，遂自二〇一二年起，与二三同志开始了一年一度的参观之旅。京城的银杏树黄了，京都的枫叶红了，便是与正仓院约会的花信，于是带着唐人故事走进正仓院。

正仓院展每年出示的藏品一般都是六十余件，其中总有一件是作为中心展品，常常会用作展览图录的封面以及参观券的图案。二〇一二年是正仓院展的第六十四回，展出器物六十四件，中心展品是非常著名的一件蓝琉璃杯，第六十五回则是香印座，第六十八回是漆胡瓶［图一—一～三］。中心展品往往单独陈列于一个展柜，展柜周围设护栏，观摩这一件展品，便需要另外排了长队方得以在它面前驻足片时。不过第七十一回比较特殊，作为日本新天皇即位纪念特别展而格外隆重，展场分别设在奈良国立博物馆和东京国立博物馆［图一—四］，后者又是分作一期和二期，两地和两期展陈器物共八十八件（奈良四十一，东京四十七）。

图一—一
蓝琉璃杯
正仓院展第六十四回

图一—二
香印座
正仓院展第六十五回

图一—三
漆胡瓶
正仓院展第六十八回

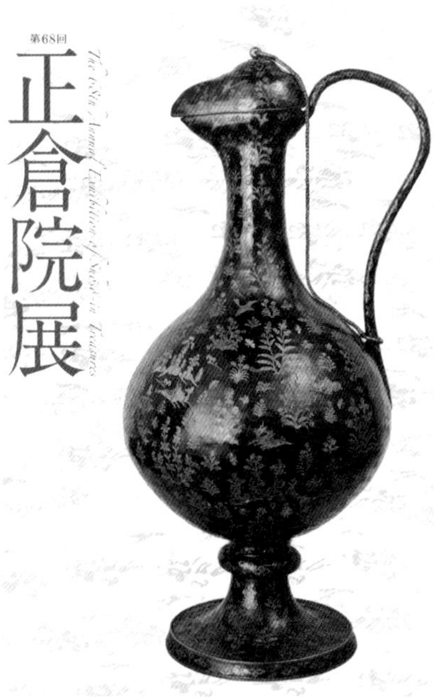

图一一四
鸟毛仕女屏风
银金花三足盘
正仓院展第七十一回入场券

壹

求嘉木于五岭，取殊材于九折。
剖文梓而纵分，割香檀而横裂。
若乃琢玉范金之巧，雕文镂采之奇，
上覆手以悬映，下承弦而仰施。
帖则西域神兽，南山瑞枝，屈盘犀岭，回旋凤池。

——唐虞世南《琵琶赋》

我们七次前往参观，获见物品凡四百六十二件（中有少量系重复展出）。名品如绿瑠璃多曲长杯【图一—一】，鸟毛仕女屏风【图一—二】，螺钿镜、盘龙镜、骑鹤仙人镜，红牙拨镂尺，等等，俱曾在展览中一睹真容。每一回里都少不了乐器，而乐器也正是正仓院藏品中的珍物。螺钿紫檀五弦，骑象鼓乐图捍拨螺钿枫苏芳染琵琶（有『东大寺』铭），狩猎纹捍拨木画紫檀琵琶，山水人物图捍拨木画紫檀琵琶，鸷鸟纹捍拨紫檀琵琶，螺钿紫檀琵琶，一共六面，其中螺钿紫檀五弦为北仓藏品，此外均藏南仓。而可

螺钿紫檀五弦　局部

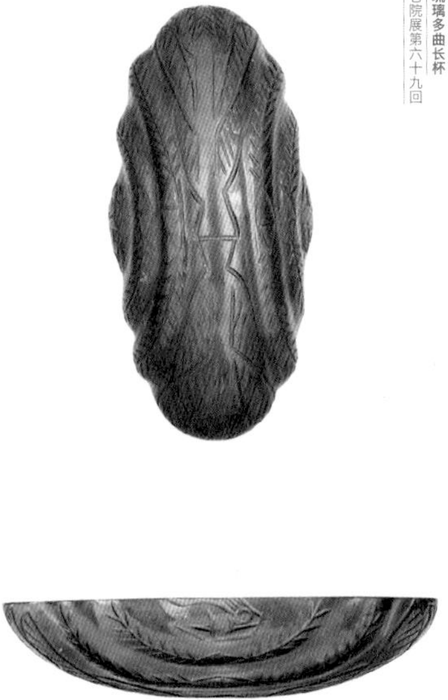

图二一一
绿琉璃多曲长杯
正仓院展第六十九回

图二一二
乌毛仕女屏风 局部
正仓院展第七十一回

称珍中之珍者，是藏于北仓的一面五弦［图三］。它在《东大寺献物帐》（《国家珍宝帐》）中留下的纪录是：『螺钿紫檀五弦一面，龟甲钿捍拨，纳紫绫袋浅绿臈缬里。』贴嵌在腹板当弦处的捍拨是一方玳瑁，便是《献物帐》所云『龟甲』。玳瑁上面用螺钿嵌饰芭蕉、鸿雁、鹦鹉和花草间骑在骆驼上弹琵琶的一个伎乐人。琵琶之背即所谓『槽』，更是遍身螺钿填嵌出牵枝抱叶的花朵流云和一对衔绶鹦鹉。且不说它的风华绝代之美，难得在于唐代五弦琵琶，这是存世唯一的一面。日人林谦三《东亚乐器考》（钱稻孙译）说它『虽属千年古器，保存比较好，益以明治年间的修补，几乎恢复到完全的原形。通过这个，可以悉知唐制五弦的构造』。傅芸子《正仓院考古记》称它『为天壤间之瑰宝』。这一面五弦在各种图录里屡屡见到，但我们的历年参观，却都无缘和它相遇，直到第七十一回，方了夙愿。展厅里同时滚动播放五弦的复制品以及制作工序，可以见出，螺钿花心的彩色美石，原是先在美石的背面绘出花纹，然后镶嵌。这也是唐代工艺普遍的做法，近年唐墓出土实物中即有同样的例子。

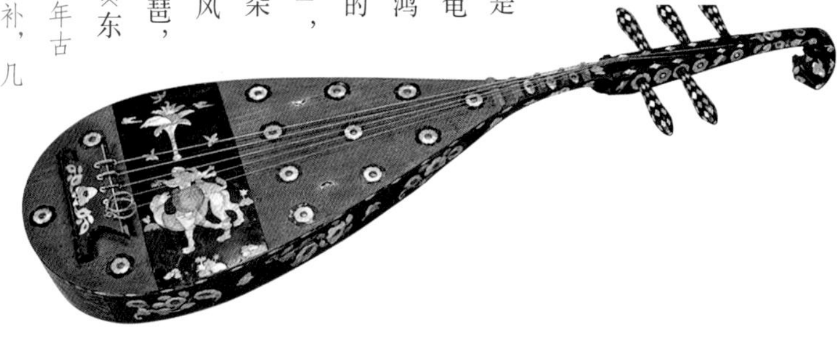

图三
螺钿紫檀五弦　正面
正仓院展第七十一回

螺钿紫檀五弦 背面

第六十四回展出的螺钿紫檀琵琶〔图四〕，它在《东大寺献物帐》中录作『螺钿紫檀琵琶一面，绿地画捍拨，纳紫绫袋浅绿臈缬里』。不过腹板亦即琵琶正面的『绿地画捍拨』今已不存，它在明治时代曾因破损而修补。然而螺钿、玳瑁、琥珀镶嵌缠枝花叶的紫檀槽依旧光采奂若。玳瑁为蔓，螺钿嵌出花和叶，琥珀点缀于花蕾，两边的花心上各一个手捧果盘的迦陵频迦。螺钿细施毛雕：花叶各镌纹理，又或于叶心刻画鸳鸯。人面鸟身的迦陵频迦长羽如鸾，眉心花钿，两颊笑靥，面若宫娃。唐虞世南《琵琶赋》『求嘉木于五岭，取殊材于九折。剖文梓而纵分，割香檀而横裂』，『若乃琢玉范金之巧，雕文镂采之奇，上覆手以悬映，下承弦而仰施。帖则西域神兽，南

螺钿紫檀琵琶 局部

山瑞枝，屈盘犀岭，回旋凤池』。出自良工之手的唐代琵琶，果然有如此风采。所谓『上覆手以悬映，下承弦而仰施』，是腹板亦即琵琶之面的装置，便是缚弦和捍拨。前面提到的螺钿枫苏芳染琵琶，捍拨是骑象鼓乐图，覆手用螺钿嵌出花叶、蝴蝶和飞鸟。第六十七回展出的山水人物图捍拨木画紫檀琵琶，所谓『山水人物』，也可以名作观瀑图〔图五—一〕。所云『鸷鸟纹捍拨紫檀琵琶』，当弦处张一方皮革捍拨，捍拨的『红蛮』地子上彩绘远山近水间俯冲而下的老鹰拏天鹅〔图五—二〕。演奏的时候琵琶腹板向外，唐代图像中琵琶表现的便多是这一面，因此常常在捍拨上布置图案，它自然也是诗人格外留心的细节。李贺《春怀引》：『蟾蜍碾玉挂明弓，捍拨装金打仙凤。』王建《宫词》：『红蛮捍拨帖胸前，移坐当头近御筵。用力独弹金殿响，凤凰飞出四条弦。』王建的好

图四
螺钿紫檀琵琶
正仓院展第六十四回

山水人物图捍拨木画紫檀槽琵琶 背面

图五—一
山水人物图捍拨木画紫檀槽琵琶 正面
正仓院展第六十七回

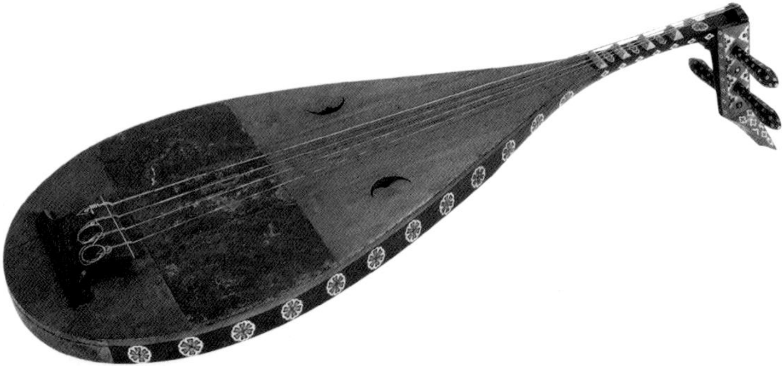

图五—二

鹫鸟纹捍拨线描

山水人物图捍拨线描

友张籍也有《宫词》（二首），其二句曰『黄金捍拨紫檀槽，弦索初张调更高』。可见捍拨虽原本为保护琵琶的拨弦处，却因妆点的美艳，使得琵琶竟意外生色。琵琶之外，装置捍拨的还有阮咸，阮咸拨面上的捍拨多依腹板之形造型近圆，其上也常绘制或妍丽或古雅的图画。第六十六回展出藏品中的一面桑木阮咸〔图六—一〕，花朵形的捍拨上面是一幅松下弈棋图〔图六—二〕。松林山石间，二老坐鹿皮荐相对弈棋，一老旁坐观战。傍树置投壶为游戏具，又一个胡瓶为饮酒具。看见它，很容易想到这一类不俗的绘事小品在宋代派上的新用场，即作为砚屏的嵌饰。南宋赵希鹄《洞天清禄·研屏辨》中说到，『屏之式止须连腔脚高尺一二寸许，阔尺五六寸许，方与盖小研相称』，『取名画极低小者嵌屏腔亦佳，但难得耳。古人但多留意作阮面大如小碗者，亦宜嵌背』。不论琵琶抑或阮咸，捍拨上的图画皆或出自名家，乃至御笔，宋徽宗《宣和宫词》：『玉钩红绶挂琵琶，七宝轻明拨更嘉。捍面折枝新御画，打弦唯恐损珍花。』捍拨本为保护琵琶的拨弦处，却是因为贴了一幅御笔折枝花，而使得捍拨之珍竟逾于琵琶。宋室南渡，捍拨绘事也还有继踵者，并且风气播向民间。邓椿《画继》卷二道：『士遵，光尧皇帝皇叔也，善山水，绍兴间一时妇女服饰及琵琶筝面，所作多以小景山水，实唱于士遵。』因此宋人用它来妆点案头清玩——比如此际尚算得新生事物的砚屏——正是合宜。唐之风流，遂成宋之风雅。

图六—一
桑木阮咸　正面
正仓院展第六十六回

图六—二
桑木阮咸捍拨

第六十四回与螺钿紫檀琵琶一起展陈的还有一个红牙拨镂拨［图七］，便是用来弹奏的拨子，它在《东大寺献物帐》中也是与螺钿紫檀琵琶列在一处。拨子两面均满布纹饰。一面，手柄一端一对反向开张的荷叶，中间挺起一茎荷花，花心上依偎着一对鸳鸯。其上两束折枝花，折枝之间是左向斜飞的仙鹤与鸿雁，仙鹤口中衔瑞草。折枝花的上方，又是一只右向斜飞口衔幡胜的锦雉。拨子之端为花枝环绕中的一只麒麟，其下是顶着茸茸绿树的一带仙山。另一面，拨子之端为花枝上面的一只『万岁』之禽，上方一大一小两朵流云，下方是花枝和飞鸟。

北仓的金银平文琴久闻盛名，终于在第七十一回中得见真身，一次相见，看之未足，隔了一天，又再次前往，当然腹内题记终究无法看到。傅

红牙拨镂拨 局部

图七
红牙拨镂拨
正仓院展第六十四回

芸子说，『腹内并题「清琴作兮□日月，幽人间兮□□□。乙亥之年季春造」。……此琴所题之乙亥干支，最早恐即玄宗之开元二十三年（七三五），最晚亦当为德宗之贞元十一年（七九五）也』。

琴通长一一四点五厘米，琴背为东汉李尤《琴铭》：琴之在音，荡涤耶（邪）心。虽有正性，其感亦深。存雅却郑，浮侈是禁。条畅和正，乐而不淫。龙池两边一对龙，凤沼两边一对凤。琴的面板之端一个方形装饰框，内为竹丛花树间抚琴、拨阮、饮酒，赤足而坐的隐逸之幽人。上方一带远山，几朵流云。中间席地设酒馔，果盘、酒樽、酒勺俱全。饮者左手扶酒坛，右手持角杯，其侧一具曲木抱腰式凭几。拨阮者背倚挟轼，面前一把执壶。抚琴者的坐具为鹿皮荐，身旁一个小小的书案，上有书帙卷裹起来的卷轴。中央高树垂绿萝，两边一对持节仙人踏着云朵。竹丛花树上有白鹇驻足<1>，下方杂花遍布，孔雀起舞，长尾雉、鸳鸯、鸭子、小鸟、蝴蝶、蜻蜓纷然其间。装饰框外依琴式纵布横向的溪流，落花涟漪金光闪耀，傍水八人或抚琴，或展卷，或饮酒，而均有酒相伴，身边酒樽、酒瓮、盘盏、食案不一。青萝高树下的两人各坐鹿皮荐，各设酒樽与酒勺，一人抚琴，一人持角杯而饮，虽然此角杯是来通的仿制，但饮酒方式已不是胡风，即不是从底端泻酒。作为背景的水边芳甸以银箔作画，高高低低的丛花细草间飞着蜻蜓、蝴蝶、鸳鸯，还有口衔瑞草的仙鹤。如此一片丛艳漫衍至琴的各个侧面，于是有金狮、金鹿、金凤奔行其间，芳甸丽景遂成山林气象。金和银交错为文，因依映蔚，山水俊逸由是而光彩艳发【图八】。

金银平文琴是中土携来还是东瀛制作，是一个讨论了很久的问题，至今也还不能说尘埃落定。八十多年前高罗佩就发表意见说，『这张藏于正仓院的古琴，连同其他一些日本收藏的、制作年代可以追溯到唐代的古琴，无疑都

<1> 宋之问《放白鹇篇》『故人赠我绿绮琴，兼致白鹇鸟。琴是峄山桐，鸟出吴溪中。我心松石清霞里，弄此幽弦不能已。我心河海白云垂，怜此珍禽空自知』；『玉徽闭匣留为念，六翮开笼任尔飞』。诗中叙事恰有与此画面布置的巧合处。

金银平文琴 局部

是从中国舶来的，其真正用途并不是用来弹奏，而是作为古玩』。又推论它的时代，曰《西京杂记》道『赵后有宝琴曰凤凰，皆以金石隐起为龙凤古贤列女之象』，又嵇康《琴赋》言『华绘雕琢，布藻垂文。错以犀象，藉以翠绿。弦以园客之丝，徽以钟山之玉。爱有龙凤之象，古人之形』，『那么这张藏于日本正仓院的古琴，可以说就是满足这些描述的例子：它有平文镶嵌装饰，有龙凤图饰，还有古代贤人像饰，因此我倾向于认为此琴是唐代以前制成的，或许应该属于六朝晚期的作品』[2]。上世纪八十年代，郑珉中从琴的形制、髹漆工艺以及铭款方式等方面分析这张琴，认为此非唐制[3]。只是作为对比的唐代遗存只有十几件，据此实在难以概括唐琴全貌，用来立论，证据未免显得薄弱了。

琴面图案中水边聚会的情形表现特征很明显，因此高罗佩早就指出这是兰亭故事图。但又认为装饰框里的图案是佛教故事，所以断定它制作于北魏。我以为就装饰纹样来说，一派唐风是没有疑义的。游仙、隐逸、祓禊，魏晋放旷避世与隋唐诗酒风流在此聚合在一起，有诗情，也有画意，两者似乎

[2] 高罗佩《琴道》（宋慧文等译），页195，中西书局二〇一四年。

[3] 郑珉中《论日本正仓院金银平文琴：兼及我国的宝琴、素琴问题》，《故宫博物院院刊》一九八七年第四期。

图八
金银平文琴
正仓院展第七十一回

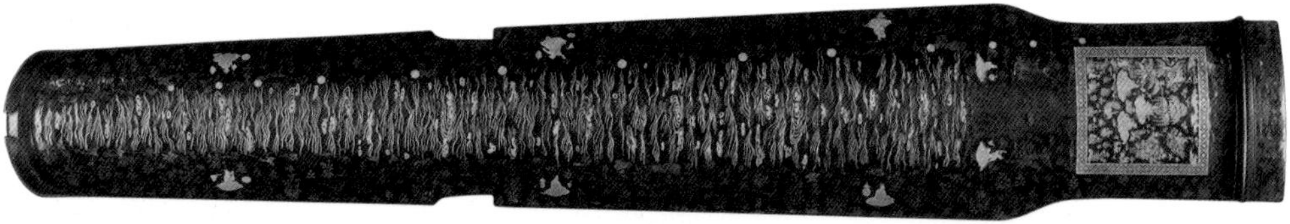

正面

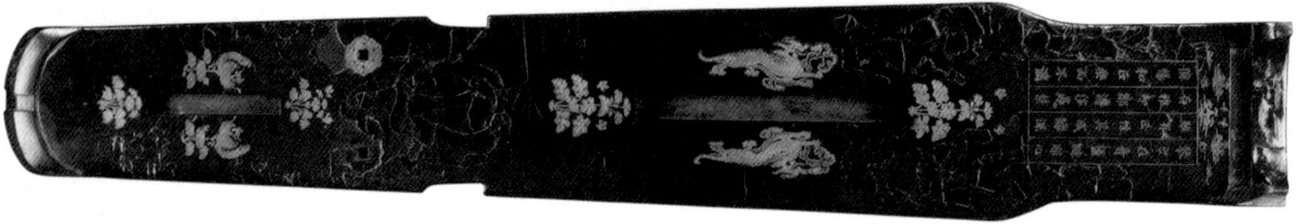

背面

金银平文琴 局部

都渊源于魏晋南北朝，而又融合了当代创意。『翡翠戏兰苕，容色更相鲜。绿萝结高林，蒙笼盖一山。中有冥寂士，静啸抚清弦。放情凌霄外，嚼蕊挹飞泉。赤松林上游，驾鸿乘紫烟。左挹浮丘袖，右拍洪崖肩。借问蜉蝣辈，宁知龟鹤年。』此郭璞《游仙诗》之一也，而今存他创作的十四首（中有四首为残篇），正是很有代表性的一组。魏晋六朝诗赋里的意象久经发酵，诗情从唐代工匠手底流泻出来，传统的游仙诗意，琴图便得其泰

半，不过已转换为隐逸。中国国家博物馆藏一面洛阳涧西唐墓出土螺钿镜，铜镜上方一棵树，细枝条上顶了硕大的花朵，树梢两朵大花之间贴了小小一轮明月，树两边对飞着小鸟、白鹇和鹦鹉。中间二人对坐，各个头戴莲花冠，一人拨阮，一人手持酒盏作聆听状，身下铺着鹿皮荐，面前一个三足酒樽，樽里插着酒勺。垂螺小鬟捧物立在身后。仙鹤在下方闻音起舞，两边一对鸳鸯和三只小鸟。铺地的各色碎螺钿今仅存花树间的星星点点，却可知原初是铺满了整个画面的留白处而莹莹闪光[4]［图九］。

金银平文琴面装饰框里的图案与它何其相似。如果把铜镜纹样名作高逸图或幽棲图，那么也同样可以用于琴图。水边景象如高罗佩所说是兰亭故事图或曰上巳禊饮图，而人物造型与诸般物事，竹林七贤图当是它取式的来源之一。琴图中的坐具，所绘均仿若鹿皮之类，与江苏地区四座南朝墓出土竹林七贤砖画[5]［图一〇—一、二］，又上海博物馆藏孙位《高逸图》中持麈尾者地衣之上敷设的坐具相同。邓粲《晋纪》：『嵇康曾锻于长林之下，钟会造焉。康坐以鹿皮，嶷然正容，不与之酬对。』或即因

[4] 墓中出土两合墓志铭，其一记入葬之年为乾元元年（七五八），其一记旧茔归葬之年为兴元元年（七八四）。河南省文化局文物工作队第二队《洛阳十六工区七十六号唐墓清理简报》，《文物参考资料》一九五六年第五期。

[5] 南京博物院《试谈『竹林七贤及荣启期』砖印壁画问题》，页18～23，《文物》一九八〇年第二期；耿朔《层累的图像：拼砌砖画与南朝艺术》，人民美术出版社二〇二〇年。

图九
螺钿镜
洛阳涧西唐墓出土

此之故，鹿皮坐具成为这一题材的画作中始终延续的细节之一，亦为幽隐之境的标志，如白居易《秋池独泛》『一只短游艇，一张斑鹿皮。皮上有野叟，手中持酒卮』。辽耶律羽之墓出土七棱金杯〔图一〇—三〕、浙江义乌柳青乡游览亭村宋代窖藏中的金花银台盏盏心图案〔图一〇—四〕，也均未忽略这一小小的道具。作为来自正仓院宝物之故乡的参观者，与此名琴相遇，眼前不可避免出现的正是这一类『层累的图像』。至于此琴是否合于弹奏，高罗佩所谓『其真正用途并不是用来弹奏，而是作为古玩』，倒是很值得玩味。沈括论及越僧义海的琴技时说道，『海之艺不在于声，其意韵

图一〇—一
砖画（嵇康）
南京西善桥南朝墓出土

图一〇—二
砖画（阮咸）
南京西善桥南朝墓出土

图一〇三
金錾花七棱鋬耳杯
阿鲁科尔沁旗耶律羽之墓出土

图一〇四
金花银台盏盏心图案
浙江义乌柳青乡游览亭村窖藏

萧然，得于声外』。对琴来说，纵身大化与天地同流的萧然远韵，是比声更重要的内涵。此琴以意象丰盈与制作精好而完成了对琴之精神意蕴的塑造，是否合于弹奏<6>，或者已落于第二义了。

琴、琵琶、阮咸之外，乐器中的名品如甘竹箫、尺八、横笛，也都在展览中看到。印象中，展陈雕石横笛和尺八的第六十七回，展厅里循环播放的音乐就很像是尺八演奏的古曲。

<6> 琴人杨致俭曰：根据我的现场观摩，这是一张完全符合演奏要求的古琴，且制作水平相当高超。第一，此琴的岳山上有曾经安装过琴弦并弹奏过的痕迹，亦即岳山上清楚现出琴弦的压痕，一弦、二弦、六弦，尤为明显，并和弦眼对应，这是非常精准的演奏用弦的位置。第二，当年琴轸旋转调弦所产生磨痕，千载之下，依然可见。此外，护轸的做法非常标准；琴面的前后弧度符合演奏要求；岳山与龙龈的造型都很合理；承露上的七个弦眼也做得非常好。尚有更重要的指标，便是琴面左右的『下凹弧度』『低头』以及与『岳山』高度这三者的配合。换句话说，制作一张可以从容弹奏的好琴，需要一套解决琴弦和琴面高度关系的综合平衡方案，而金银平文琴恰恰全部做到了。

贰

坐夏日偏长，知师在律堂。
多因束带热，更忆剃头凉。
苔色侵经架，松阴到簟床。
还应炼诗句，借卧石池傍。

——项斯《寄坐夏僧》

展陈于第六十四回的『紫檀金银绘书几』，是我关注已久的物事。初唐时候，印刷术尚未发明，书皆卷轴式，阅读则须双手卷持，自然不很方便。初唐四杰之一的杨炯有一篇《卧读书架赋》，略云：『伊国工而尝巧，度山林以为格。既有奉于诗书，固无违于枕席。朴斫初成，因夫美名。两足山立，双钩月生。从绳运斤，义且得于方正；量枘制凿，术仍取于纵横。功因期于学术（一作殖），业可究于经明。不劳于手，无费于目，开卷则气雄香芸，挂编则色连翠竹。风清夜浅，每待蘧蘧之觉；日永春深，常偶便便之腹。』『其始也一木所为，其用也万

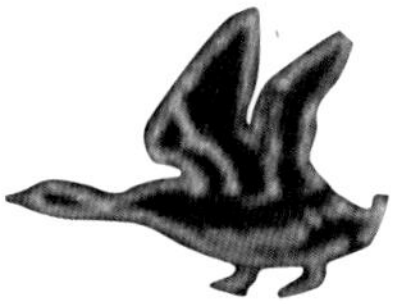

紫檀金银绘书几　局部

卷可披。』『风清夜浅，每待蘧蘧之觉』，用《庄子》之典；『日永春深，常偶便便之腹』，用后汉边孝先故事，都是切卧读之意。这篇赋文义并不深，难于解读的却是卧读书架的形制与式样究竟如何。所谓『其始也一木所为，其用也万卷可披』，注释家或曰此句意为『书架只用少量木材制成，却可插放万卷图书』[7]，未免更令人增加疑惑。那么且看这一个『紫檀金银绘书几』：小小的方座上一根立柱，柱上一根横木，横木两端各有一个圆托，圆托里侧则为短柱，柱上两个可以启闭的小铜环。若展卷读书，便可启开铜环，放入卷轴〔图一一二〕。所谓『两足山立，双钩月生』，『不劳于手，无费于目，开卷则气雄香芸，挂编则色连翠竹』，唐人赋咏之物究竟如何，见此而解。

图一一二
紫檀金银绘书几
正仓院第六十四回

[7]《杨炯集笺注》（祝尚书笺注），页72，中华书局二〇一六年。

图一—二 紫檀金银绘书几使用示意 复制品

『挂编则色连翠竹』，应该是指收起书卷，纳入竹编的书帙。第六十九回展览中，展出名品最胜王经帙的同时，又展出一件竹书帙（原用于收纳经卷），正教人见得真切〔图一—二〕。晋城博物馆藏一件青莲寺出土的北齐乾明元年（五六〇）昙始造像碑座[8]，其中一侧榜题『波林罗』之下方是坐在方榻上的僧人，右侧一个经架，式样与正仓院藏紫檀书架几乎无别〔图一—三〕。紫檀金银绘书几通高五十八厘米，用于『卧读』固然尺寸偏大，但卧读书架的形制与样式与此经架相仿应该是不错的。卧读书架的创意或者就是来自经架，经架也多在敦煌唐代壁画中构成叙事[9]，可见它的使用在这一时期之普及。项斯《寄坐夏僧》：『坐夏日偏长，知师在律堂。多因束带热，更忆剃头凉。苔色侵经架，松阴到簟床。还应炼诗句，借卧石池傍。』释子读经与士子读书竟是一般况味。

[8] 承学友李丹婕相告，遂专程前往参观并拍照。

[9] 郭俊叶《敦煌壁画中的经架：兼议莫高窟第156窟前室室顶南侧壁画题材》，页70~74，《文物》二〇一一年第十期。

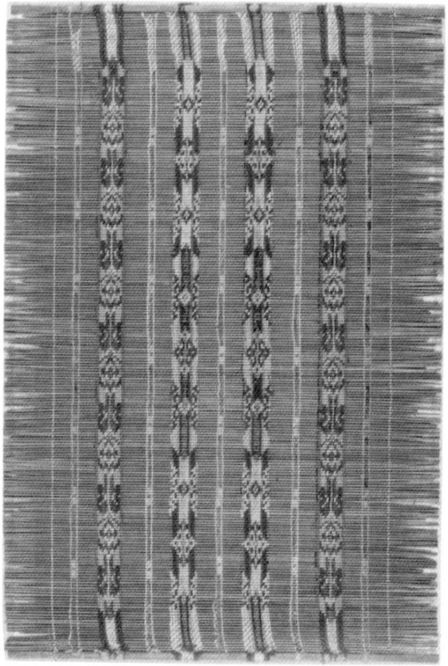

图一二
竹书帙
正仓院展第六十九回

图一三
北齐乾明元年昙始造像碑座
晋城青莲寺出土

《正仓院考古记》提到中仓所藏十七枝唐式笔，不仅可见古式，且『装潢之华丽，尤足惊人』。展览第六十七回里，我见到了其中装潢华丽的一枝〔图一四〕。斑竹杆，两端分别套金箍，末端的象牙饰好似塔刹。忆及柯桥博物馆藏唐墓出土一枚被称作戒指的金箍，外膨如扁鼓，内径一点五厘米，外径两厘米，重二点九克。口沿内敛，缘边上下均打作连珠纹。两道弦纹内的装饰带以规整的鱼子纹为地，其上打制四个飞奔的有翼兽：虎、豹、狮子、鹿，鹿身錾出梅花。虽体量很小，却制作甚精。以正仓院藏品为比照，或可推知它是这一类物品的装饰件。

笔之难得固不待言，不过更令人关注的是与笔同在而尤其不易保存的笔罩亦即笔筒。宋无名氏《致虚杂俎》中说道『（王）献之有斑竹笔筒名裘钟』，『裘钟』似乎很难与笔筒相联系，然而有此实物，这里的意思涣然得解。『裘』，此指毛笔，『钟』是形容笔筒的造型。后世或名斗篷曰『一口钟』，也是形容它上锐下阔之状。至于陈放在桌案用于置笔的笔筒，是在高坐具普遍使用的时候才广为流行，早期言『笔筒』，均指笔罩或曰笔帽。

图一四
斑竹笔
正仓院展第六十七回

北仓藏品中，有两枚中土传入的唐代人胜残件，人日风物，这是稀见的实物遗存，傅芸子《正仓院考古记》『北仓上』一节记所见『人胜残阙杂张』云，『据齐衡三年（八五六）《杂财物实录》称：「人胜二枚，一枚有金薄字十六，一枚押彩绘形等，缘边有金薄裁物，纳斑蔺箱一合，天平宝字元年（七五七）润八月二十四日献物。」今品则以二残片粘合为一者。一片系于浅碧罗之上，粘有金箔剪成十六字云「令节佳辰，福庆惟新，变（当为燮字之讹）和万载，寿保千春」。《杂财物实录》所称有金箔字者即此，今金箔诸字已变黝黑，罗色亦暗矣。又一片较大，约四分之三粘于其下，边缘图案以金箔剪成，上粘红绿罗之花叶，缘内左下端有彩绘剪成之竹林，一小儿戏犬其下。金箔边缘及彩绘人物，色彩如新，惟犬形已残耳，此当即《实录》后称之物。考人胜为用有二，一以金箔镂成，人日贴于屏风；一剪彩为之，戴于头鬓。今观正仓院所存残片，可知乃屏风贴用之物』[10]。正仓院展第六十六回中适有此物［图一五］，因得以仔细观摩。人胜残件之一，是贴了十六字吉语的一枚绿罗，吉语字上面的金箔虽已全部脱落，但在展柜的灯光下，仍可见黑字上面泛出几点细细的金光。《荆楚岁时记》曰人日『翦綵为人，或镂金簿为人以贴屏风，亦戴之头鬓。又造华胜以相遗』，隋

[10]《正仓院考古记》，页46，文求堂一九四一年。

图一五
人胜残件
正仓院藏

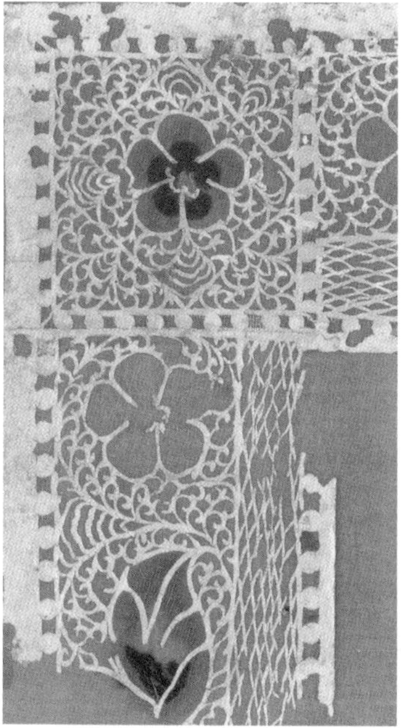

杜公瞻注云：『人入新年，形容改从新也。』吉语中的『令节佳辰，福庆惟新』，正是『人入新年，形容改从新』之意。另一枚人胜残件，却是各样剪綵花分层粘贴在一尺见方的橘红色绢帛上。缘边图案下边的一层剪作红花和绿叶，上面一重，是粘覆金箔的楮纸剪作图案，镂空的花和叶正与下面的红花绿叶相套合。剪纸的四角，各一个连珠纹缘边的方胜或曰叠胜，残存的两朵红花，便是叠胜的内心。两枚人胜的制作，都是剪綵与镂金共用，所谓『镂金薄』，此『金薄裁物』即是；『为人』，乃为小儿。新疆吐鲁番阿斯塔那—哈拉和卓时属盛唐至中唐的墓葬出土剪纸人胜[11]，可与它互看。用作随葬，大约有祈福之意。不过《荆楚岁时记》中说到的『华胜』，似与此式样不同。隋唐以前，胜的造型乃中圆如鼓，上下各有一个梯形与圆鼓相对。山东嘉祥武氏祠画像石的祥瑞图中有此物，两胜之间以横杖相连。唐代铜镜中也还有这样的图像，如许昌博物馆藏一面祥瑞图十二生肖镜，祥瑞之一便是『金胜』，与榜题相应的金胜图像即为古式〔图一六〕。此镜的时代约当初唐。金胜作为祥瑞，也当是来自古义，

图一六 唐祥瑞图十二生肖镜 局部 许昌博物馆藏

[11] 新疆维吾尔自治区博物馆《吐鲁番阿斯塔那—哈拉和卓古墓群发掘简报》，页11，《文物》一九七三年第十期。

《宋书》卷二十九《符瑞下》曰：『金胜，国平盗贼，四夷宾服，则出。』唐代作为人日风物的人胜却是取了别一种样式，即如正仓院藏人胜残件。当然它不是孤证，却是因为伴随着与人日风俗相合的吉祥语而意义最为明确。由此发现，唐代广为流行的所谓『菱形』图案，原来就是来自人胜，当名作方胜。方胜相叠，可称叠胜，但方胜也不妨作为通名。河北定州静志寺塔地宫出土一枚金花银片，悬坠于银钩的方形银片边长九厘米，造型以及镂空的地纹均与正仓院藏人胜布置于四角的叠胜相同，两个方胜交错相叠的四个角，上下各一只『金鸡』，左右各一只『玉燕』，方胜中心一只牛，乃一一与新春里的节物相合〔图一七〕，此即唐代的人胜。它也常常用于铜镜，书写『千秋』吉语，并且不以用于『圣节』的千秋镜为限。

方胜又成为唐代图案中的一个基本元素，每以各种方式组织到不同的纹样中，如边饰，如花心〔图一八—二〕。而缀璎珞、垂流苏成为幡胜，也都是常用的构图方式。第六十四回展品中有一件黄地花文夹缬绳，纹样可视作花的套叠，也可视作胜的套叠〔图一八—一〕。由此想到方胜和

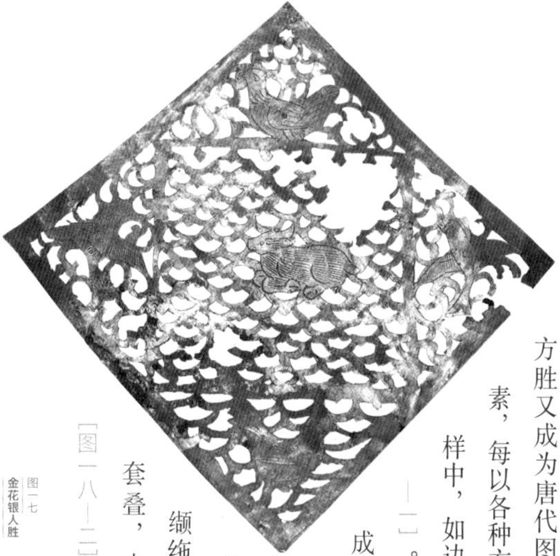

图一七
金花银人胜
河北定州静志寺塔地宫出土

叠胜设计构思的来源之一，或是建筑中流行的斗四藻井。若进一步延伸，则宝相花的基本构图也是若干花朵叠相斜向交错，以此不断伸展，蔚作花光五色。而正是这些大体同源的意匠，形成装饰领域里丰美富丽的唐风。

图一八－一
唐鹦鹉衔幡胜镜
出自黑石号沉船

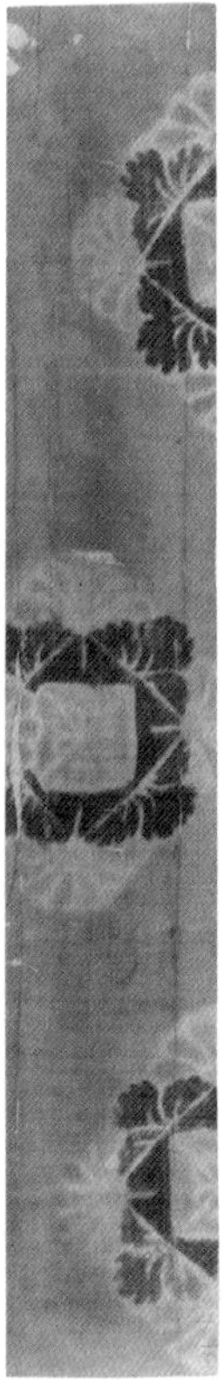

图一八－二
黄地花文夹缬絁
正仓院展第六十四回

叁

饰带以纹绣，装匣以琼瑛。

——刘禹锡《昏镜词》

正仓院藏数面唐镜，自然分外引人注目，北仓的白铜花鸟背圆镜、平螺钿背圆镜、平螺钿背八角镜〔图一九〕、山水花虫背圆镜、骑鹤仙人镜等名品，在七年的展览中都曾分别看到。螺钿镜国内考古发现中也有数面〔图二〇〕，只因埋藏日久，保存状态不及传世品。不过正仓院藏螺钿镜也有在江户年代曾经修复者。

教人更感兴趣的是镜匣，而多数镜匣是与镜子配套的，正同于正仓院的其他藏品，诸如木画紫檀双六局与籧篨双六局龛、鹿草木夹缬屏风与屏风袋、革带并柳箱、柿柄麈尾并麈尾箱〔图二一〕，等等，它大体接近『物』之递送的原初状态，即有细致的内外包装乃至大小构件及锁钥，一如随同物品一起递送的礼单上的记述，这也正是正仓院藏品的重要价值之一。银平脱菱花镜匣，是第

花鸟螺钿镜 局部

图一九—一
平螺钿背圆镜
正仓院展第七十一回

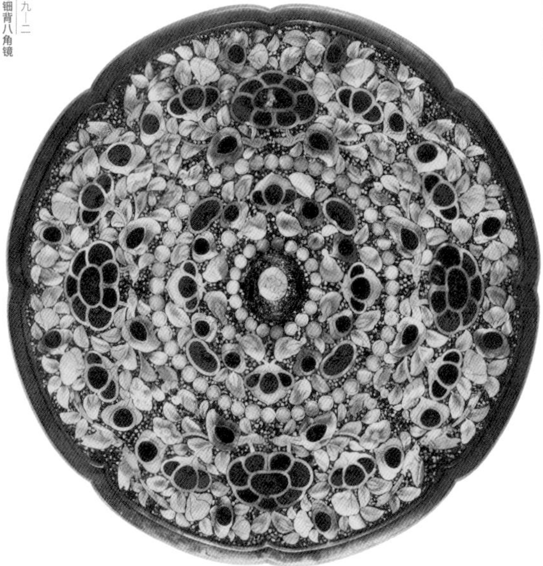

图一九—二
平螺钿背八角镜
正仓院展第七十一回

图二〇
花鸟螺钿镜
西安理工大学新校区唐李倕墓出土

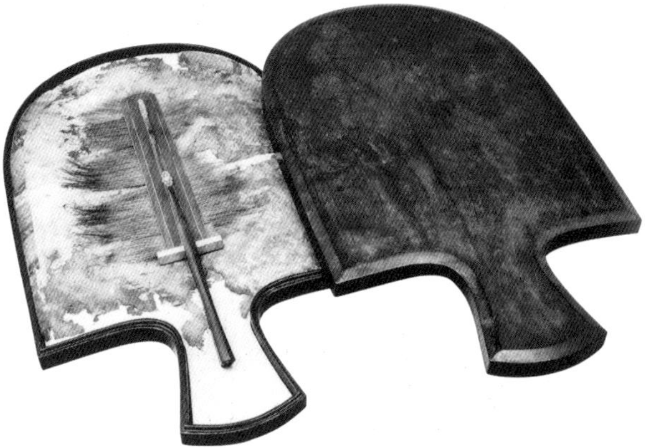

图二一
麈尾匣
正仓院展第六十七回

图二二
银平脱菱花镜匣
正仓院展第六十四回

六十四回里的展品［图二二］。镜匣式如八出花，盖面图案也以八出朵花为组合纹样的基本元素，自小而大以及大小相间向外层层伸展，每个花瓣里又都细细密密旋出花叶，是宝妆花瓣合成的宝相团花。缘边一周团花的花心各一只凤凰，凤尾高举，成一柔美的弯弧，轻翘右足，回首顾盼，衔住张开的翅膀尖。刘禹锡《昏镜词》『饰带以纹绣，装匣以琼瑛』，所云为嵌宝镜匣，不过这一个银平脱镜匣却是以冷色秀出鲜花著锦的效果，即便当年银光闪烁之际，大约也是月下看花一般。而把镜匣纹样与镜匣造型一体考虑，并且安排得很自然，也是它设计上的优胜之处。展览图录的器物说明特别拈出洛阳北郊唐颍川陈氏墓出土银平脱漆盒〔图二三—一〕，又西安南郊何家村唐代窖藏中的鎏金石榴花银盒同它比较〔图二三—二〕，不过三者只是风格相近，细节处理多有不同。镜匣上的锁钥是唐代流行样式〔图二四〕，东汉应劭《风俗通义》云：『钥施悬鱼，〔鱼〕翳伏渊源〔深渊〕，欲令楗闭如此。』锁钥因此每每做成鱼的式样，李商隐所以作绮语曰『牢合金鱼锁桂丛』。包装的讲求，是先秦以来至明清始终延续的做法，《韩非子》所以有『买椟还珠』的寓言。这一件镜匣内里未置铜镜，却以它的工艺制作精好而教人喜爱，便正如同遥遥呼应这一个古老的寓言。

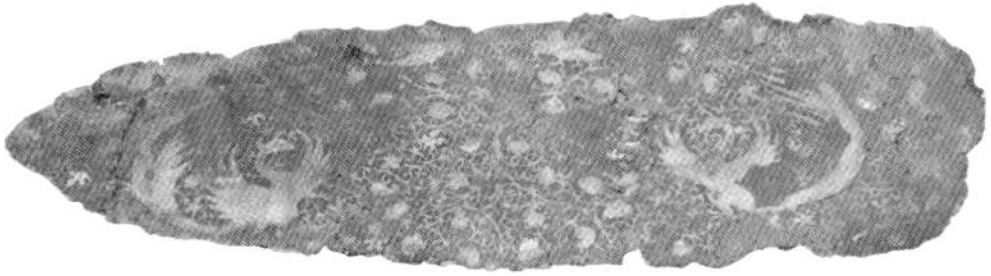

图二三—一
银平脱漆盒残片
洛阳唐颍川陈氏墓出土

图二三—二
银鎏金石榴花纹盒盖面
西安南郊何家村窖藏

图二四—一
铜锁
西安唐李倕墓出土

图二四—二
鎏金银锁
西安南郊何家村窖藏

图二五 **漆胡瓶** 局部
正仓院展第六十八回

肆

乍惊物色从诗出，更想工人下手难。

——张籍《答白杭州郡楼登望画图见寄》

第六十八回推介的重要展品是藏于北仓一件银平脱漆胡瓶，并且它在第七十一回中又再次露面。瓶高近半米，形体颇巨。《东大寺献物帐》记载为『漆胡瓶一口，银平脱花鸟形银细鏁连系鸟头盖，受三升半』。当然很赞同尚刚的意见，即『瓶身上的鸟兽花草装饰虽然制作精细，效果也很华丽，但构图琐碎散漫，艺术上并不成功』[12]。不过驻足展柜细细观赏的时候，看到花叶丛中一只扭着脖子的小鸭嘴里衔了一个蝴蝶，且略带一分峻利的神情[图二五]，细节的生动仍不免教人心生欢喜。王建《戴胜词》『紫冠采采褐羽斑，衔得蜻蜓飞过屋』。设计者以及制作者与诗人观察物象的心思大约是相通的，正不妨借用

[12]《隋唐五代工艺美术史》，人民美术出版社二〇〇五年。

张籍的诗句对此作体贴语——『乍惊物色从诗出，更想工人下手难』[13]。

图二六 鸿雁纹金饰片 西安市东郊韩森寨出土

金银平脱，即金箔或银箔镂切为各式花片粘在所饰器物的表面，上漆若干道，至漆地与之齐平，然后细磨，使花片露出。唐代的金银平脱，用作贴饰的做成各式花鸟纹样的金银片，便都是所谓『镂锞』之属，如唐惠陵亦即李宪夫妇合葬墓出土漆器上面脱落的各种银饰片[14]。西安市东郊韩森寨出土鸿雁衔绶金饰片〔图二六〕，长六点二、宽二点七厘米，大约也是金银平脱器上的饰件。出自西安市南郊曲江池乡的银平脱双鹿纹漆盒，是比较简单的一种〔图二七〕。前举洛阳北郊唐颍川陈氏墓出土银平脱漆盒则格外繁丽，虽挤压变形，但盒盖内外、盒内底以及外壁四面的七幅图案尚大体保存[15]。柔条萦回的缠枝花卉，对舞的凤凰，双飞的鹦鹉，纤丽精细的线条挥洒出鸟语花香，创造它的不是笔墨，不是针线，却是坚硬的锤錾[16]。

漆器的金银平脱移用于青铜，便是金银平脱镜。与金

[13] 《答白杭州郡楼登望画图见寄》，『色』，一作象；『手』，一作笔。

[14] 陕西省考古研究所《唐李宪墓发掘报告》，页112，彩版九：1~5，科学出版社二〇〇五年。

[15] 洛阳市文物工作队《洛阳北郊唐颍川陈氏墓发掘简报》，《文物》一九九九年第二期。

[16] 制作金箔的工具甚至很沉重，《天工开物》卷中《五金》之『黄金』一节说造金箔法，『凡造金箔，既成薄片后，包入乌金纸内，竭力挥椎打成』，其下自注：『打金椎，短柄，约重八斤。』虽是明代情形，但这一传统工艺变化很小。

银平脱器大体相同：金片银片制成纹样粘贴于镜背，然后反复髹漆直至盖没纹样，复待漆干至适宜的程度，再反复研磨，至纹样现出而与镜背浑然一体。正仓院藏金银平脱背八角镜，径二八点五厘米，『东大寺献物帐』载录为：『八角镜一面，重大四斤二两，径九寸六分 漆背金银平脱 绯絁带 柒皮箱 绯绫嚫盛。』镜钮为一小朵宝相花，四外放射一周缠枝卷草，以是组成一朵更大的宝相花。花外飞旋着口衔金色瑞草的四只仙鹤，仙鹤之间飞着金的鸳鸯与银的鸿雁，又金的蝴蝶与银的小鸟。外区四只顶着金花的凤凰，凤凰之间，散布金色的瑞草和银色的折枝花，枝子上生着摺扇一般的叶片，又有探出的花蕾，枝子顶端一朵半开的花苞沿着金边<17>〔图二八〕。风物夭秀，工致慧巧，只是纹样稍嫌细碎。同类唐镜，当以西安市东郊韩森寨出土的一面金银平脱镜为佳胜。圆钮外一周银莲叶和银莲花，莲花顶着莲蓬，莲叶翻卷的背面细錾叶脉，此外镂空，以见叶之向背。其外是四只口衔垂花璎珞以翱以翔的金仙鹤，间以花叶镂空的银折枝。银辉闪烁，金光灿然，交相映发为水边天际的一片生机。直径二二点七厘米〔图二九〕。

二〇一九年东京国立博物馆的特展题作『正仓院的

图二七
银平脱双鹿纹漆盒
西安市南郊曲江池乡出土

<17> 据展品说明，此镜宽喜二年（一二三〇）被盗而破损，明治二十七年（一八九三）修补。

图二八
金银平脱八角镜
正仓院展第五十一回

图二九
金银平脱镜
西安东郊韩森寨出土

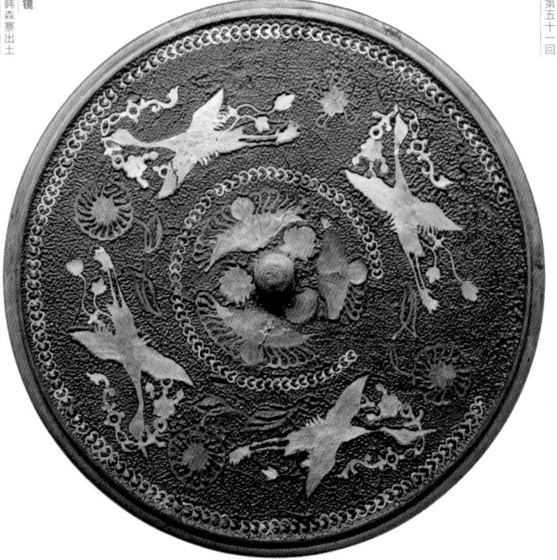

世界』，其中一个单元是『名香的世界』。沉水香、白檀香、名香兰奢待（黄熟香）之外，更有不少香具。中仓白石火舍一具，高二二点六、径四〇厘米，下端五足，做成人立般的五个铜狮子，踮脚矫首，勉力托举炉身，狮子之间各缀套接起来的两个铜环【图三〇】。此即大理石香炉，是唐代香炉的典型样式之一，如陕西临潼庆山寺塔地宫出土兽面衔环六足铜炉<18>【图三一】。此式香炉的极品，自然首推陕西扶风法门寺地宫出土银金花朵带环子五足炉【图三二】。它也多见于佛前供养，如四川广元观音岩唐代石窟造像【图三三】。展场中又有称作『黄铜合子』的香盒【图三四】，也是佛前供养具，唐代或称它为香宝子。喇叭形高足，半球状的器身和器盖，盖顶中央或为宝珠或为相轮式钮，敦

图三〇
白石火舍
正仓院展第七十一回

<18> 口径一三点二、高一三厘米，出土时炉内积满香灰和木炭，地宫年代为开元二十九年（七四一）。浙江省博物馆、西安市临潼区博物馆《佛影湛然：西安临潼唐代造像七宝》（系同名展览图录），页202，中国书店二〇一九。

图三一—二
银金花朵带环子五足炉
法门寺地宫出土

图三一—一
兽面衔环六足铜炉
临潼庆山寺塔地宫出土

图三一
黄铜合子
正仓院展第七十一回

图三一—三
五足炉
四川广元观音岩唐代石窟

煌壁画中多见。它也或与鹊尾柄香炉连做［图三三］。

众工会聚的紫檀金钿狮子镇鹊尾柄香炉，在七十一回中展出。它以金钿工艺妆点出炉身的美轮美奂，炉柄末端衔环狮子为镇之外，炉盘用作提钮的小狮子做成转首回望的样子，狮子回首处，是顶着莲蓬的一对莲花［图三四］。鹊尾柄香炉的远源在异域[19]。南北朝时它多见于中原地区的石窟寺及北朝造像碑，最早的一例目前所知见于甘肃永靖炳灵寺石窟第一六九窟十六国时期的西秦壁画［图三五－一］。南朝作品中也偶见此器，如江苏丹阳胡桥宝山吴家村南朝墓出土的一方羽人戏龙画像砖，羽人手中所持即鹊尾柄香炉，当然这是属于道教艺术中借用的一例。唐代或名此类香

图三三 四川广元第二八号大佛窟

[19] 林梅村等《鹊尾炉源流考——从犍陀罗到黄河、长江》，《文物》二〇一七年第十期。

紫檀金钿狮子镇鹊尾柄香炉 局部

图三四
紫檀金钿狮子镇鹊尾柄香炉
正仓院展第七十一回

图三五—一 炳灵寺石窟第一六九窟西秦壁画

炉为『手炉』<20>〔图三五—二〕。为了炉身和炉柄的平衡且宜于放置，鹊尾式柄又或向下弯折，而在与炉座平行的弯折处加一个狮子镇，出土铜香宝子的洛阳龙门神会和尚身塔，同出即有狮子镇鹊尾柄铜香炉〔图三五—三〕。不同材质的唐代鹊尾炉传世与出土都有不少，但毫无疑问，正仓院的这一柄乃艳冠群芳。

《正仓院考古记》详细记述了正仓院藏品中的一件墨绘散乐图弹弓〔图三六—一〕，另一件漆弹弓，则曰『普通品，无可记』。这一件『普通品』，我在第六十五回展览中相遇，却也别有收获。王建《宫词》『裹头宫监当前

<20> 如陕西扶风法门寺地宫出土一柄素面银炉，柄下铭文有云『咸通十三年文思院造银白成手炉一枚……』

「咸通十三年文思院造银白成手炉」铭

图三五—二 「咸通十三年文思院造银白成手炉」

法门寺地宫出土

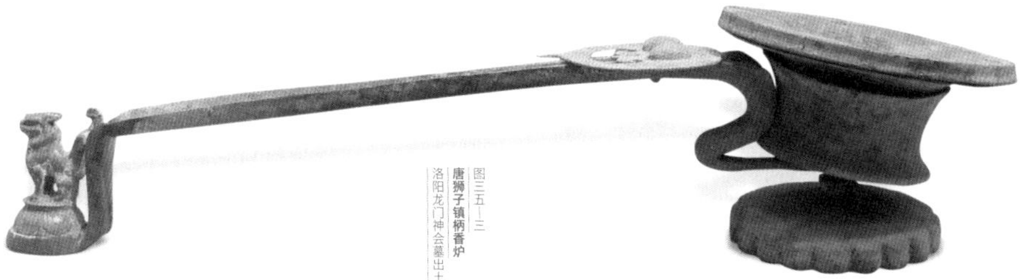

图三五—三 唐狮子镇柄香炉

洛阳龙门神会墓出土

立，手把牙鞘竹弹弓』，自是此物。唐苏涣《变律》之一句云『长安大道旁，挟弹谁家儿。右手持金丸，引满无所疑。一中纷下来，势若风雨随』，是弹弓的使用情景，虽然诗乃别有所讽。漆弹弓的特别之处，在于弓弦中部设一个椭圆形兜碗以置弹丸［图三六—二］。今天常见的都是清代以来有此装置的双弦弹弓，此单弦为早期样式<21>。

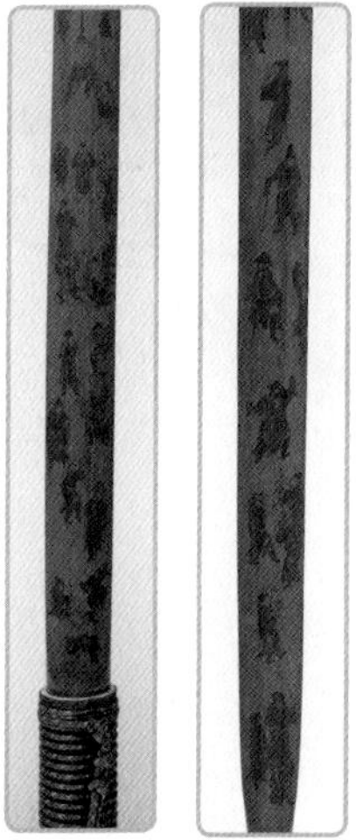

图三六—一
漆弹弓 局部

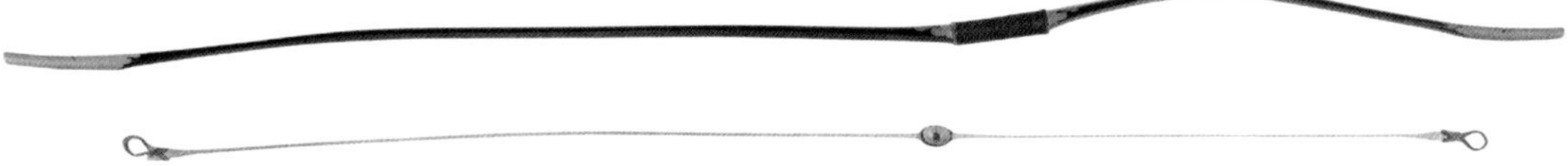

图三六—二
漆弹弓
正仓院展第六十五回

<21> 据展品说明，江户时代曾依原样修复。

伍

青树骊山头，花风满秦道。
宫台光错落，装画遍峰峤。

——李贺《春归昌谷》

正仓院藏品中有不少是以『木画』工艺为装饰。木画紫檀琵琶、木画紫檀挟轼、木画紫檀双六局，参观中都曾近距离观察。木画工艺见于记载者不多，《西京杂记》卷一曰赵飞燕之妹居昭阳殿，『中设木画屏风，文如蜘蛛丝缕』。《唐六典》卷二十二说到每年二月二日中尚署『进镂牙尺及木画紫檀尺』（《少府监·中尚署》）。它流行于唐代，具体做法则见于宋人庄绰《鸡肋编》卷上，道是『处州龙泉县多佳树，地名豫章，以木而著也。山中尤多古枫木，其根破之，文若花锦。人多取为几案盘器，又杂以他木，陷作禽鸟花草，色像如画，他处所未见』。这里的『陷』，当指嵌错，所谓『杂以他木，陷作禽鸟花草，色像如画』，便是唐代的木画，而作者却说『他处所未见』，可知已不是宋代风气。木画的原意当是指不同品种的木材错彩为画，不过正仓院藏品中称作『木画』者，除了『杂以他木，陷作禽鸟花草』，又每每更嵌以象牙、玳瑁、鹿角等奇珍。李贺《春归昌谷》『青树骊山头，花风满秦道。宫台光错落，装画遍峰峤』，意谓骊山上下宫殿台榭光彩错落于峰峤之间，竟如同装画一般。这是用当日流行的工艺来拟喻眼中的景色。那么装画，似乎就是包括木画在内，以不同的材质为颜料『写绘』图画。唐人又或称此为『帖』，如王绩《围棋》『彫盘蜃胚饰，帖局象牙缘』，前引虞世南《琵琶赋》也道『帖则西域神兽』。第六十四回展出北仓的木画紫檀双六局，《东大寺献物帐》记载道：『木画紫檀双六局一具牙床脚 纳柒缘籧篨龛龛里悉柒。』小字注中的『柒』，当是漆。籧篨原谓竹席，这里的籧篨龛，指藤箱。双六局的壶门座，当日名作牙床脚。双六局面板上下各边以及牙床脚的各边都缘以象牙条。牙床脚之表以不同材质自然也是不同颜色的木与象牙、兽角等『画』作缠枝花草和飞舞其间的鸿雁、戴胜、鸟雀〔图三七〕。所谓『彫盘蜃胚饰，帖局象牙缘』，此即是也。吐鲁番市阿斯塔那二〇六号墓出土一件木双陆局<22>，盘面以骨片、绿松石等嵌饰花鸟，也是采用木画工艺〔图三八〕。同为北仓藏品的一具木画紫檀棋局，棋局上盘下座连为一体，棋盘表面嵌以纵

<22> 中国历史博物馆等《天山·古道·东西风：新疆丝绸之路文物特辑》，页203，中国社会科学出版社二〇〇二年。

图三七
木画紫檀双六局
正仓院展第六十四回

图三八
木双陆局
吐鲁番阿斯塔那二〇六号墓出土

横十九道象牙罫线，又木画花眼四十七枚，对局的两侧各设一个带金环的抽屉，抽屉内有木雕龟盒各一枚，盒内容棋子。抽屉之下便是上沿作出花牙子、下有托泥的壸门座〔图三九〕。《东大寺献物帐》登录此物，于它的构造形容备细，曰：『木画紫檀棊局一具。牙界花形眼，牙床脚，局两边着环，局内藏纳棊子龟形器，纳金银龟甲龛。』

床座承物在隋唐五代乃至辽宋都是普遍的风气，此即后世称作『礼物案』者。虽然这一名称见于文献差不多要到元代，但用作置放朝觐者礼物贡献的器具，至少在唐代已经使用很普遍。正仓院藏品中大大小小造型各异的『献物台』，都是承物的床座，与唐代置物之床的用途约略相当，在敦煌莫高窟唐代壁画中可以看到它的使用情况〔图四〇〕。

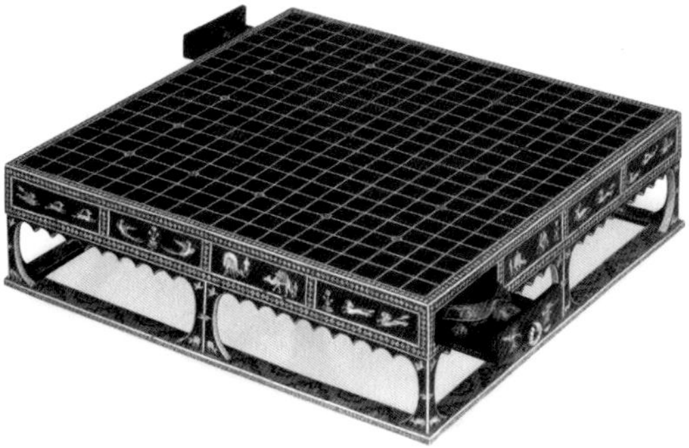

图三九
木画紫檀棋局
正仓院展第三十四回

图四〇—一 莫高窟第九窟主室北披壁画

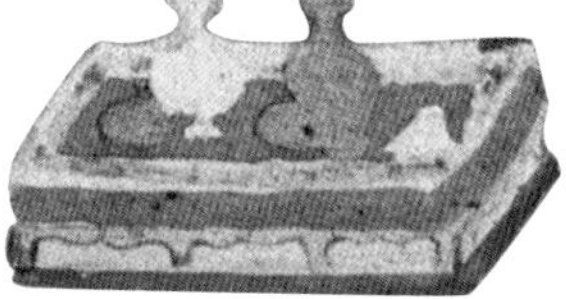

图四〇—二 莫高窟第一四八窟东壁壁画

正仓院中仓各式名曰『献物几』和『献物箱』的木器，原初多为东大寺承托供奉之物的器具。尺寸都不大，而造型别致，妆点精细，纹样或彩绘，或金银泥绘，献物几则每配以锦褥，其中若干件为花式面板而下连牙床脚的木几。如粉地木理绘长方几、粉地金银绘八角长几、金银绘长花几〔图四一—一～三〕。一件『苏芳地六角几』下连牙床脚，长径五十二厘米，高十二点三厘米，桧木面板和托泥用苏芳染作暗红色，牙脚则以彩绘和贴金箔的方式作成玳瑁纹，面板的侧缘装了六个小银环〔图四一—四〕。面板上面有残存的墨书，即『（七茎）金铜花（座）（天平胜宝四）年四月九日』。可知它原是用作承托七茎金铜花。

小小一方石砚，也多有床座。藏于中仓的一方青斑石风字砚，下承一具六角牙床，牙床棱线以象牙、紫檀、黄杨木等为嵌饰，自然也是木画工艺〔图四二〕。王建《宫词》『延英引对碧衣郎，红砚宣毫各别床』，注释此诗者或云『床』是『放置笔砚的架子』，似未得其实，睹此实物，其义自明。砚床也名砚几，晚唐渡海入唐的新罗崔致远为幽州李可举代笔的礼单中，即有『金花平脱银装砚匣并砚几一具』（《桂苑笔耕集》卷十）。陕西历史博物馆藏一件唐墓出土的陶砚，系砚与砚床连做〔图四三—一〕。辽代犹存唐风。河北宣化辽墓壁画里书桌上绘有风字砚，下承带束腰的须弥座式砚床〔图四三—二〕。内蒙古阿鲁科尔沁旗辽耶律羽之墓出土的一方也是风字砚，配以金花银砚盒。砚盒依石砚之势而成上宽下窄的造型，盖表下方是砌

图四一—一
粉地木理绘长方几
正仓院展第六十六回

图四一—二
粉地金银绘八角长几
正仓院展第六十八回

图四一—三
金银绘长花几
正仓院展第六十六回

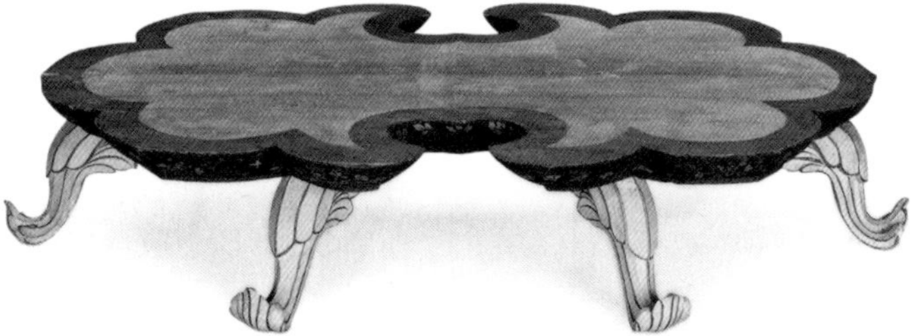

图四一—四
桧木苏芳地六角几
正仓院展第四十六回

图四三—一
陶砚
陕西历史博物馆藏

图四二
青斑石砚
正仓院展第三十八回

图四三—二 **砚与砚床**
河北宣化辽墓壁画（采自《宣化辽墓》）

金花银砚盒 盒盖

图四三—三 **金花银砚盒** 盒身
耶律羽之墓出土

出池壁及池沿花砖的一泓银波，几茎莲荷袅袅出水，一条升龙穿叶衔花从波间腾起，莲花之上榜题『万岁台』，两边是作为远景的云山旭日，盒身下有牙床脚。那么是砚盒又兼了砚床之用。『万岁台』，便是自名为台〔图四三—三〕。高坐具走向成熟之后，唐式砚床就不多见了。

『拨镂』，亦为唐代特色工艺。《正仓院考古记》介绍说，它『系以象牙染成红绿诸色，表面镌以花纹，所染诸色，层层现出，或更有于上再傅他色者，尤形纤丽工巧。唐中尚署即掌进此种镂牙物品』。中尚署进镂牙尺一事，见《唐六典》卷二十二《少府监》，曰『每年二月二日，进镂牙尺及木画紫檀尺』。前已提到用于弹奏琵琶的红牙拨镂拨，正仓院藏品中还有红牙拨镂尺和绿牙拨镂尺[23]，第七十回一展中陈列北仓藏品红、绿各一件〔图四四〕。镂牙尺表里均满布纹饰，尺表却不刻画分寸，而是依凭纹样作别，即以五朵宝相花为间隔分作相等的十区，花间分别是瑞兽和美禽，禽鸟或衔绶带，或衔幡胜，展翅低昂在花丛上下。中仓的一件红牙拨镂尺在第六十七回展出〔图四五〕，牙尺内面的两端分别是仙山、鸿雁与仙鹤，流云、花枝间两身前后顾盼的飞仙。猗那于后的一身右手擎了花盘，妆束很像是《游仙窟》中小鬟的形容，——『红衫小撷臂，绿袜细缠腰』。『袜』，腰䌽也，也称宝袜，即如唐太宗才人徐贤妃《赋得北方有

[23] 王国维《观堂集林》卷十九《日本奈良正仓院藏六唐尺摹本跋》于用尺制度考校甚详。

佳人》『纤腰宜宝袜，红衫艳织成』。飞仙圆脸盘上『注口樱桃小，添眉桂叶浓』，两颊也正是诗笔下的『花合靥朱融』（李贺《恼公》）。北仓的另一件红牙拨镂尺，曾在一九八一年举办的『特别展』中展陈〔图四六〕。牙尺一端有小小的一个孔，尺表与前举北仓的两件相似。向内的一面，底端为折枝花和同向而飞的一对鸿雁，其上斜斜一枝偏着花朵的折枝顶起一个莲花台，花台上一对衔绶鸳鸯。上方又是一组折枝花和对鸟。中腰以上，庭院深深。庭院外面，两扇蜀葵和翠竹拥护的篱笆门，然后是高台阶上的朱红大门，两扇门上各有衔环铺首和五行乳钉，门两边的槛墙上有直棂窗，屋顶铺绿瓦。入门有小桥流水，叠石绿竹掩映的瓦屋半面，屋后山林葱翠，顶端近缘处四只飞作一字形的大雁。刘禹锡《和浙西李大夫伊川卜居》一首，句云『按经修道具，依样买山村』，其下自注：『马高唐为御史大夫，时置宅，命画工图其状，戒所使曰：依此样求之。』马高唐，即马周。镂牙尺上刻画精微的唐代庭院便好似在暗寓自家功用，并且先示范一个诗境里的山庄，——『青山为外屏，绿野是前堂。引水多随势，栽松不趁行』[24]，尺量尺绘，依样成之也。朝廷以镂牙尺颁赐大臣，原是作为节令用物而取象征意义，工匠则各逞巧思，教它寸寸生妍。

红牙拨镂尺 局部

[24] 白居易《奉和裴令公新成午桥庄绿野堂即事》。

图四四—一
红牙拨镂尺
正仓院展第七十一回

表一

里一

图四四—二
绿牙拨镂尺
正仓院展第七十一回

表一

里一

图四五
红牙拨镂尺
正仓院展第六十七回

表

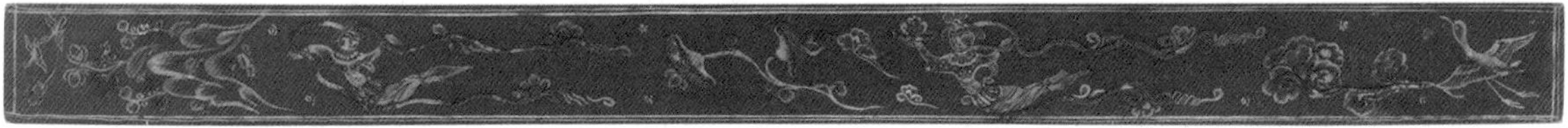

里

图四六
红牙拨镂尺
正仓院特别展

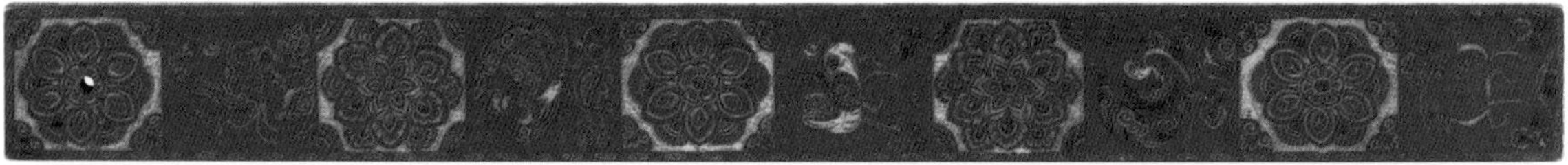

表一

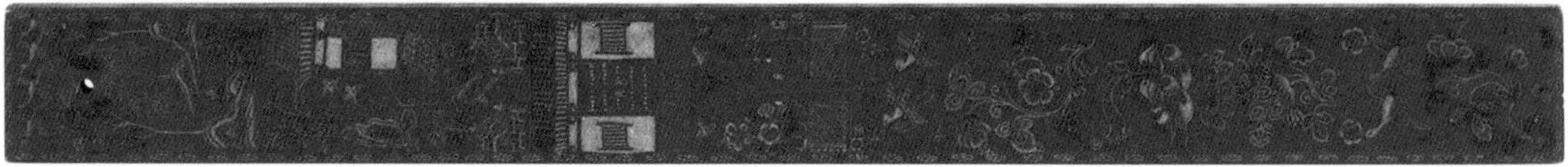

里一

红牙拨镂尺 局部

正仓院藏品中也不乏新罗『好物』。《正仓院考古记》『南仓上』记所见『佐波理水瓶』二具，曰『佐波理（さはり）即铜锡合金之响铜，一说本新罗语，今日本亦称响铜』。这两件水瓶我们也在第七十一回展览中看到。水瓶之一的特异之处是腹部口流之下做成一个胡人头［图四七］。正仓院和法隆寺藏品中更有不少佐波理碗［图四八］。佐波理，即唐宋时期称作挲罗或沙锣者，以译音之故，这两个字尚有多种写法，如钞罗、钞锣、斯锣，等等。狩谷棭斋《笺注倭名类聚抄》卷四《器皿部——金器》『沙锣』条曰『《唐韵》云「钞锣，铜器也」』，其下考订语源甚详，录其大要，则『沙罗二音，俗云沙不良』，『今有胡铜器呼佐波利者，相传出于南蛮，佐波利盖沙不良之转。沙不良即沙罗之讹也。又有朝鲜佐波利，所谓新罗金椀盖是也』，『沙罗本胡语，后从「金」作「沙」声，作鈔，此亦省作「钞」，遂与「钞」取字混』。唐李肇《翰林志》曰学士入院后，内库给诸般用物，中有铜镜、漆奁、漆箱、铜挲罗、铜觜椀、画木架牀、炉等。这里的『铜挲罗』，应指铜盆。至宋代，沙锣仍用来指金属盆器，铜之外，也包括金银。这一用语，在明清依然遗响不绝。

稍觉纳罕的是，正仓院藏品中金银器很少，第七十一回展览中看到的银金花鹿纹三足盘［图四九］是最

图四八
佐波理碗
法隆寺藏

图四七
佐波理水瓶
正仓院展第七十一回

图四九 银金花三足盘 正仓院展第七十一回

著名的一件（盘缘所垂璎珞系后世添加），此外有第六十七回展出的银镀金匙、箸，见于第六十八回的银四足花盘、银提梁锅，而纯金器一件也无。如果东渡的大唐好物中包含了选择的因素，那么似可认为当日『他者』眼中的唐物，要义在于工艺。

代表唐代工艺杰出成就的是镶嵌艺术，木画，金银平脱，金筐宝钿，螺钿或曰宝装，都属之于此。它从上古时期的金属嵌错发展而来，在材质方面则大大扩展，即以纸绢之外的各种材质表现画意或者说追摹绘画效果，精丽工巧，夸妍斗艳，达到了平面造型艺术的极致。正仓院宝物中令人珍视的藏品之一，正是这一类。

国人关于正仓院藏品的介绍，早期有杨啸谷《东瀛考古记》（载《文字同盟》一九二八年第十七号）[25]。至傅芸子《正仓院考古记》而更为详尽，它一九四一年初版于东京文求堂，距今已近八十年，作者不仅以艺术家之眼记述所见，且叩源推委，夷考风俗，更辅以当时能够了解到的唐代文物与正仓院宝物相互印证，代表了彼一时代的学术水平，而即使放在今天，真知灼见，也未过时。作者在《自序》中说道：正仓院『品物之可以认为唐制者，璀璨瑰丽，迄今千百余年，犹焕然发奇光。而日本奈良朝以来，吸取中国文化别为日本特有风调之制品，并觉其优秀绝伦，为之叹赏不置。于是以知正仓院之特殊性，固不仅显示有唐文物之盛，而中日文化交流所形成之优越性又于以窥见焉』。正仓院之唐代或深被唐风的遗存，可以说有着『选美』的性质，不论来自赠予，还是通过贸易等其他途径所获，都是时人眼中的唐代『好物』。如今我们看展或能更有收获，半个多世纪以来的考古发现，刷新了今人对唐代的认识，因此有条件把『正仓院宝物』尽可能还原于它的时代，还原于史，也还原于诗。就个人兴趣而言，在这里我可以寻找到与唐诗名物相互发明、相互印证的形象资料，进一步丰富我们从国内考古发现中获得的认知。

[25] 此承胡文辉先生教示。

早先出国不便，往正仓院看展的中国人很少，因此关注正仓院藏品的多为学界中人，而又多是专门家，面向大众的普及读物，除韩昇的一本《正仓院》之外，似乎更无其他。近年出国已成寻常事，专程赴奈良看展也很平常，关于正仓院特展的宣传便逐年增多，却是『惊艳』之辞多，『相知』之语少，诸如『这座位于奈良东大寺的宝库，保留了迄今为止种类最丰富、最全面，且最有价值的唐朝艺术品』；『可以说，想要亲见唐朝最准确、最完整、最丰富的文物，正仓院是唯一的选择』，皆未免言过其实。借用他人的比喻，即正仓院宝物是『古代东方文明的巨幅画卷』，『再现了一千多年前的辉煌』，则不妨认为，唐代文化是一幅长卷，正仓院宝物是长卷中绚丽的一段。其实这里更想说的是，这格外精彩的一部分却是不宜单独来看，而要放在我们所能了解的唐代物质文化背景中，才更能发挥它的叙事功能，更能彰显它的重要意义。日人研究正仓院中的唐代文物，也总是不离器物的故乡，每每会把中国考古发现的材料——乃至最新材料——纳入视野，不仅体现在专业研究，也体现在介绍性的展览图录。作为来自故乡的参观者，更应该成为它的相知，如此方不辜负这一传世千年的宝贵遗存。

附：『宝粟钿金虫』

『宝粟钿金虫』，句出梁吴均《和萧洗马子显古意六首》，此为六首之二中的一联，即『莲花衔青雀，宝粟钿金虫』[1]。吴均的这首诗并非名篇，这一句诗也非名句，但它却涉及一项古老的装饰工艺，而这一项工艺似乎久已被遗忘了。

金钿以宝石为嵌饰，便又有宝钿之名，而它以加工好的金粟粒勾勒花形，花瓣、花心之内嵌宝石，此金粟与宝石的结合，则又可名作宝粟。除镶嵌宝石之外，金钿尚有另外一种装饰物，此即金虫，或曰青虫、玉虫。吴均诗所谓『宝粟钿金虫』即是也，唐李贺《恼公》『陂陀梳碧凤，腰袅带金虫』[2]；五代顾夐《酒泉子》『掩却菱花，收拾翠钿休上面。金虫玉燕。琐香奁』[3]，所咏俱是。末

[1] 逯钦立《先秦汉魏晋南北朝诗》，中册，页1745，中华书局一九八三年。

[2] 《三家评注李长吉歌诗》，页90，上海古籍出版社一九九八年。

[3] 曾昭岷等《全唐五代词》，页561，中华书局一九九九年。

一例『金虫玉燕』之玉燕，用《洞冥记》故事[4]，在此代指钗；金虫是钗首嵌饰，句出前人，这里虽有用典的意思，但这种装饰方法却是当日生活中实有的情形。

不过今人对诗中『金虫』的来历不明所以，以是别有所解。《李长吉歌诗编年笺注》释《恼公》篇之『腰袅带金虫』曰：『「腰袅」句：曾益《注》：「金虫，镂金为虫饰也。」王琦《解》：「腰袅，宛转摇动之貌。金虫，以金作蝴蝶蜻蜓等物形而缀于钗上者。宋祁《益部记》利州山中有金虫，其体如蜂，绿色，光若泥金，俚人取作妇女钗镮之饰。」曾益、王琦所解非是。按，金虫即金凤，带有凤形的金钗，在头上摇曳不定。王沂孙《八六子》：「宝钗虫散，绣衾鸾破。」虫散即凤散，与「鸾破」相对。以虫称凤，由来已久。《大戴礼·易本命》：「有羽之虫三百六十，而凤凰为之长。」简文帝《和湘东王名士悦倾城诗》：「珠概杂青虫。」青虫，即青凤。吴均《和萧洗马子显古意六首》：「莲花衔青雀，宝粟钿金虫。」金虫即金凤，粟粒珍宝镶嵌在金凤宝钗上。』[5]

明曾益《昌谷诗注》释金虫曰『镂金为虫饰』，固属望文生义；清王琦曰『以金作蝴蝶蜻蜓等物形而缀于钗上』，

[4] 《太平御览》卷七一八《服用部二十》『钗』条引《洞冥记》曰，汉武帝元鼎元年起招灵阁，『有神女留一玉钗与帝，帝以赐赵婕妤。至昭帝元凤中，宫人犹见此钗，共谋欲碎之。明旦视之匣，唯见白鹭直升天去，故宫人作玉钗，因改名玉燕钗，言其吉祥』。

[5] 吴企明《李长吉歌诗编年笺注》，页344～345，中华书局二〇一二年。

也不确，但他援引宋祁说以释金虫，却并不误。凤虽有虫之称，然而李贺诗以及《笺注》所引诗词中的青虫与金虫，绝非青凤与金凤。《益部记》，全称《益部方物略记》，《说郛》宛委山堂本作：金虫，『出利州山中，蜂体绿色，光若金，里人取以佐妇钗镮之饰云。赞曰：虫质甚微，翠体金光，取而桥之，参饰钗梁』[6]。宋祁《景文集》卷四十七又有《金虫赞》一首，与这里的文字大同小异，所述为同一事。元于伯渊《〔仙吕〕点绛唇》中的一支〔天下乐〕咏女子妆扮，道是『整花枝翠丛，插金钗玉虫』[7]，亦为此物。金虫、玉虫，又或称作青虫，亦名金花虫、绿金蝉、吉丁虫〔图一〕。《唐六典》卷二十二曰『中尚署令掌供郊祀之圭璧及岁时乘舆器玩，中宫服饰，彫文错綵，珍丽之制，皆供焉』；『其所用金木、齿革、羽毛之属，任所出州土以时而供送焉』。以下列举广州及安南供物，有『青虫、真珠』。作为供物的青虫和真珠，自是用于宫中器玩服饰的『彫文错綵』。而这里的青虫，便是唐陈藏器《本草拾遗》中说到的『吉丁虫』。陈曰吉丁虫『甲虫背正绿，有翅在甲下。出岭南、宾、澄洲也』，其功用，

图一 吉丁虫

[6]《说郛》弓六十七。

[7] 隋树森《全元散曲》，页314，中华书局一九八一年。

乃令人喜好相爱，因此『人取带之』[8]。此岭南，指今广东、广西、越南北部。宾州在今广西宾阳；澄洲，今广西上林。陈说尚有更早的来源。清《广东通志》卷五十二《物产志》引竺法真《登罗浮山疏》云：『金花虫，大如斑猫，形色文彩如金龟子，喜藏朱槿中，多双栖，亦名绿金蝉，又名吉丁虫，带之令人增媚。』竺法真大约是刘宋末至齐梁间人，所著《登罗浮山疏》已佚，唯见类书称引。屈大均《广东新语》卷二十四『金花虫』条似即演述此说：『金花虫，大者如斑猫，有文采，其背正绿如金贴，有翅生甲下。一名绿金蝉。喜藏朱槿花中，一一相交。取带，令人相媚。予诗：持赠绿金蝉，为卿钗上饰。双栖朱槿中，相媚情何极。』按照这里的记述，『令人相媚』的传说，原是由古人所认为的金虫的生活习性而来。而所谓『金虫』，实即鞘翅目吉丁虫科色泽美丽的种类（古称『吉丁虫』，与今昆虫学分类中的『吉丁虫』，含义并不对等），其鞘翅闪动金属光泽的蓝，又或绿与铜绿、翠绿，而在光线的反射下，常常微泛金光，因有金虫之名。南朝梁张率《日出东南隅行》『方领备虫彩，曲裙杂鸳鸯』，『虫彩』，便是指金虫的光泽。金虫的鞘翅为吉丁质，故历久不坏。可知『宝粟钿金虫』、『珠概杂青虫』以及『宝钗虫散』，诗词中的金虫和青虫，均指此虫，更确切的说法，是指虫的鞘翅。『宝粟钿金虫』，意即金粟粒铺焊作

[8] 尚志钧《〈本草拾遗〉辑释》，页246，安徽科学技术出版社二〇〇二年。

花形，其内填嵌金虫翅，『钿』，在此是用作动词。李贺诗中的『金虫』，自然也做不得他解。

由诗歌展示出来的这样一条线索，可见金虫翅膀用为装饰材料的做法，是从南北朝一直延续下来的。虽然迄今为止中土未能发现物质遗存，但周边的日本和朝鲜，却不乏工艺相同的实物[9]。

实例之一，为日本奈良法隆寺中的玉虫厨子[10]。东瀛文献记其事曰，『向东户有厨子，推古天皇御厨子也，其腰细也，以玉虫羽以铜雕透唐草下卧之，其内金铜阿弥陀三尊御』。又，『东面有葺覆玉虫之玉殿，推古天皇御厨子也，置金铜弥陀三尊以为本尊像』[11]。是玉虫厨子为推古天皇时物，初始置于橘寺，后移至法隆寺金堂。推古天皇元年，当隋开皇十三年。『玉虫厨子之建造年代，现在殆难确定，然就厨子上部宫殿之建筑式样，及其花纹图案等观之，则显然承袭中国六朝式之衣钵，而为日本飞鸟

[9] 濱田耕作《玉蟲翅飾考——慶州金冠塚の遺物と玉蟲厨子》（载《白鳥博士還曆紀念東洋史論叢》，页793～833，岩波書店大正十四年），于此考证至为详审，不过其中第八节关于中国以玉虫为饰的讨论，未确。

[10] 《法隆寺——日本仏教美術の黎明》（春季特別展），页83，奈良国立博物馆二〇〇四年。按二〇〇四年参观法隆寺，适逢大宝藏院展出寺藏珍品，玉虫厨子竟也在其中，虽与在东京美术馆看到的复制品一样，镂空处也看不到衬底之饰，但它另外放大了一个镂花板的局部，因得以近距离看清在地子上装饰了萤光闪烁的玉虫翅膀。

[11] 前者见《古今目录抄》（系嵯峨天皇宽元间僧显真所著《圣德太子传私记》之别名）；后者见《白柏子记》，均为《玉蟲翅飾考——慶州金冠塚の遺物と玉蟲厨子》引。

期艺术式样之缩图』<12>。所谓『厨子』，实即宫殿式佛龛。它的底端为饰以覆莲的台座，其上是很夸张的束腰，于是同上方的仰莲合成一个方柱形须弥座，座上为单檐九脊顶的宫殿。宫殿四隅上下皆缘以镂空雕刻的缠枝卷草，玉虫翅膀便衬在卷草纹之下，在镂空处荧荧闪光［图二］。

图二
法隆寺玉虫厨子

<12> 刘敦桢《〈『玉虫厨子』之建筑价值〉并补注》，载《刘敦桢文集（一）》，页48，中国建筑工业出版社一九八二年。

此例之外，又有正仓院藏装在白葛胡禄里的『玉虫饰箭四十六只』[13]，又『玉虫装刀子』一对[14]［图三］，羽箭上面的玉虫饰已大部脱落，贴饰在刀鞘的玉虫翅膀则保存尚好。傅芸子《正仓院考古记》称作『木心桦缠镶以玉虫翅』，并解释道：玉虫（たまむし）为吉丁虫科之一种，翅极绿而有光泽并带红线，细巧美丽，历久不坏，镶嵌中之珍品也。朝鲜庆州金冠塚发见之金冠，日本奈良法隆寺飞鸟时代（五四〇～六四四）之玉虫厨子，均利用此虫翅以为装饰。按《唐六典》卷二二，中尚署掌岁时乘舆器玩服饰，广东安南贡品，有『紫檀、梠木、檀香、象牙……青虫、珍珠……』，今广东、安南俱产吉丁虫，则《六典》所称之青虫，当即玉虫无疑。正仓院物品所用之玉虫，据山田保治氏之研究，乃日本关西地方所产之虫云[15]。关于玉虫饰物之种种，这一节叙述颇得要领。法隆寺玉虫厨子、正仓院藏玉虫饰柄的刀子，都是这一类。

图三 玉虫装刀子 正仓院藏

[13]《东瀛珠光》，第四册，第百九五图：其一，审美书院一八〇八年。

[14]《特别展·正仓院宝物》，图五〇，东京国立博物馆一九八一年。

[15]《正仓院考古记》，页66，文求堂一九四一年。按傅氏所举庆州金冠塚之例，以玉虫为饰者，实为马具和衣服。

同样的装饰工艺，也见于古代朝鲜半岛。最为著名的一个实例是庆州皇南大塚南墓出土新罗时代的玉虫饰铜鎏金鞍桥、马镫和杏叶[16]，时代约当六世纪初〔图四〕。又《朝鲜历史文物》著录平壤市力浦区戊辰里出土一枚『太阳纹镂空金铜装饰品』〔图五〕，为高句丽时期之物[17]。图版说明曰：『这个金铜装饰品的框子很像切成一半的桃子。金铜板中央有稀疏地镶了玉珠的两层圆圈，圈里镂刻了象征太阳的三脚乌。在其外边刻了熊熊燃烧的烈火般的云纹，在其中间刻了轻轻飞翔的小鸟。为了突出镂空，铺一层吉丁虫的翅膀，给金铜板形成金绿色的底色。利用吉丁虫翅膀修饰的手法，是只能在我国看到的固有的手法。』此枚饰品采用的装饰工艺与法隆寺玉虫厨子是相同的，当然这不是只能在朝鲜看到的固有的手法。至少可以说，它在中国、日本皆曾流行。只是中土没有实物遗存，但延用的时间却不短，活跃在诗词歌赋中的历史，则更长。

韩愈《咏灯花同侯十一》：『今夕知何夕，花然锦帐中。自能当雪暖，那肯待春红。黄里排金粟，钗头缀玉虫。更烦将喜事，来报主人公。』这一首诗的意思本来平常，却因『黄里排金粟，钗头缀玉虫』一联被认为咏物拟象格外传神而成为名句。它把钗的样式转换作两般意象来

[16] 时代约当五世纪。《韩国国立庆州博物馆文物精品展》（陕西历史博物馆编），页105，三秦出版社二〇一二年。

[17] 约当五世纪。《朝鲜历史文物》，图一八五，朝鲜民主主义人民共和国文物保存社一九八〇年。

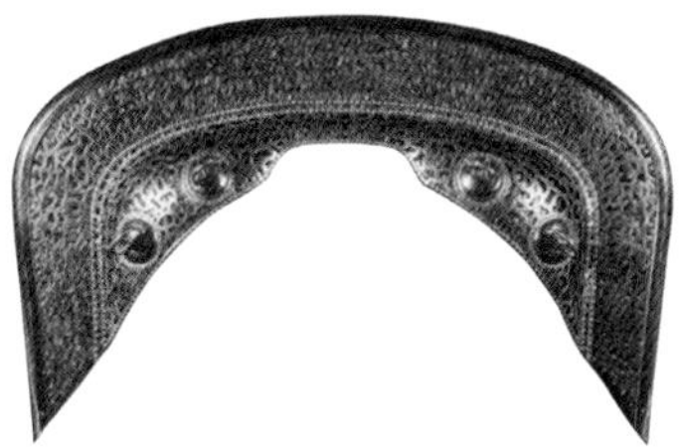

图四—一
玉虫饰鞍桥 复制品
庆州皇南大冢南墓出土

图四—二
玉虫饰马镫 复制品
庆州皇南大塚南墓出土

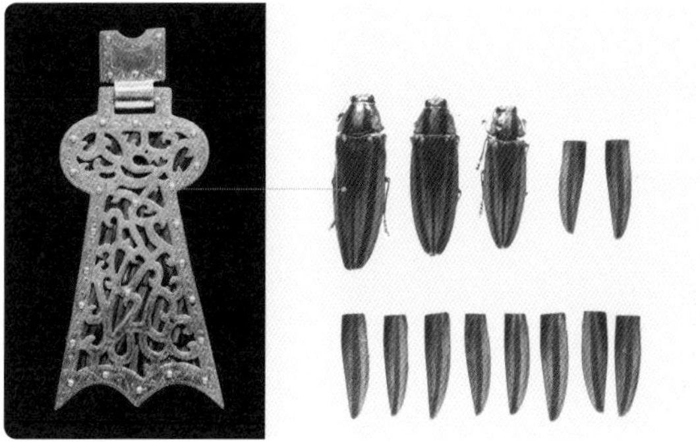

图四—三
玉虫饰杏叶 复制品
庆州皇南大冢南墓出土

图五
太阳纹镂空装饰品
平壤市力浦区戊辰里出土

为灯花写照，即巧将吴均的『宝粟钿金虫』一分为二，而更见娇俏，以至于玉虫后来竟成为灯花的一个别称。又以桂花点点团簇亦似金粟，这一组拟喻也被用作桂花之咏赞。如张孝祥《浣溪沙·王仲时席上赋木犀》『翡翠钗头缀玉虫，秋蟾飘下广寒宫。数枝金粟露华浓』；又吴文英《江神子·送桂花吴宪，时已有检详之命，未赴阙》状桂花云『宝粟万钉花露重』，『钗列吴娃，騕褭带金虫』。诗词作者虽然意在用典，乃至照搬李贺诗句『騕褭带金虫』，不过『宝粟钿金虫』的工艺，在唐宋时代实际上并没有退出装饰领域而真正成为『古典』。

吉丁虫之金碧荧然者用为女子簪钗之饰的风习，似乎在南方不曾断绝[18]，而明末禁中宫人又别有一种以草虫制

[18] 清郝懿行《尔雅义疏·释虫》『蛂蟥』条曰：『今甲虫绿色者，长二寸许，金碧荧然，江南有之，妇人用为首饰。』

作的簪钗。明蒋之翘《天启宫词》：『襭斗潜来内上林，罗衣轻试柳边阴。逡巡避众闲寻撦，一笑拚输草里金。』其下自注曰『坤宁宫后园名内上林，时宫人所插闹蛾，尚用真草虫夹以葫芦形，如菀豆大，名「草里金」，一枝可值三二十金』[19]。这里所谓『闹蛾』，可以作为明代流行的草虫簪之统称，其时多用金银及金银镶嵌珠宝以肖形——如蜜蜂，蜻蜓，蜘蛛，蚂蚱，蟾蜍，蝎虎，蝉，等等——用作簪首。此以真虫，自然别致。只是不见实物，因未能确知其式毕竟如何。

<19> 《明宫词》，页50、62，北京古籍出版社一九八七年。

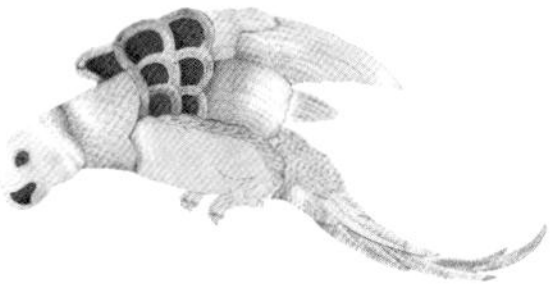

后记

正仓院是一个想了很久的题目，很早就计划写一本关于正仓院宝物的书，写一本与傅芸子《正仓院考古记》有所不同的书，并为此积极准备。观摩实物，自是准备之一。因自二〇一二年起至二〇一九年，与几位朋友年年秋天往正仓院看展（唯二〇一八年是个例外），像是认真履行一个不变的约会。然而我的诸多收获，总还是来自自己的关注点或曰兴趣点，即生活史中的各种细节以及与诗歌对应的各种物事，此外便未能深入探究，因此计划中的书终于没有写成，就像我原打算把《金瓶梅》读『物』记写成一本厚重的书一样，最终只成就一个戋戋小册。酝酿中的『正仓院』一题，今日成此蕞尔一编，不过参观散记而已，既不是对正仓院宝物的全面介绍，遑论专深的研究。从产生想法到想法的实现，似乎总有着遥远的距离。当然也还有自我解嘲的办法。周密《澄怀录》卷上录永嘉禅师语：『草鞋道人善谈理趣，吴人从游山遇之，得其数诗，云：「君来游山，颇见好景不？兹山景趣多，岂暇遍观，但可意，著眼熟看，看得熟时，他人见不到处，尽为君有。」』正仓院乃宝山一座，既无缘遍观，则不过著眼于『可意』者，于『他人见不到处』得其一二，也算是小小的心得。

玉虫一事，二十多年前遇安师授课时即曾详细讲述，后来我写就《『宝粟钿金虫』》一文，收入《中国古代金银首饰》。因与正仓院相关，今遂放在这里作为附录。此文草成之际，适有大洋彼岸之旅，于是将大意口述居停主人李旻教授以求教。李君闻得金虫在宋人笔记中叫作吉丁虫，因道：吉丁二字在中文中一点意思也没有，应是来自外商，随即启动『e考证』，很快得出结论，吉丁的语源是希腊语，有覆盖义、甲义。吉丁虫就是甲虫的意思。以玉虫或曰金虫作为装饰的风气应是来自东南亚，直到现在这一传统也没有中断。附带查到：二〇〇二年，比利时皇后邀请当代艺术家Jan Fabre装饰布鲁塞尔王宫中镜殿的天顶和吊灯，他从参观自然博物馆时见到的玉虫得到灵感，二十九位艺术家用了一百四十万泰国玉虫翅膀镶嵌出一幅金光灿烂的壁画，名为『欢乐之天』。他派人在东南亚餐馆里收集人们以玉虫为食后弃置的翅膀，『与欧洲人吃海虹丢弃的壳一样』。我因此也受到启发，遂委托李君代觅玉虫翅膀若干，倩设计师张凡设计制作了一枚银镀金镶玉虫坠饰，但见金翠映发，清丽芊眠。『与古为友』，此之谓欤。

庚子大雪